Grill- und Grillkochbuch

Über 50 Erfolgsrezepte zum Grillen und
Grillen

Carmen Lorenz

Alle Rechte vorbehalten.

Haftungsausschluss

Inhaltsverzeichnis

EINFÜHRUNG..7

RAUCHER- UND GRILLREZEPTE 16

   1.   Würziges Brot auf dem Grill 16

   2.   Gegrilltes Steak mit rotem Pfeffer............................18

   3.   Gegrillte Garnelen mit Minzsauce 20

   4.   Hähnchenbrustgrill mit Sojasauce 22

   5.   Gegrillter Wolfsbarsch mit Gemüse 23

   6.   Gegrilltes Gemüse mit Buttersauce 25

   7.   Gegrilltes Fleischbällchenrezept 27

   8.   Hühnchenrezept mit Sauce......................................30

   9.   Gegrilltes Gemüserezept 33

   10.   Leberschaschrezept...36

   11.   Auberginensalat mit Spinatgrill 38

   12.   Quesadillas mit leckerem Grillgemüse................40

   13.   Vegane Gemüsespiesse mit Kräutern 42

   14.   Gegrillter Beef Angus und Chorizo 44

fünfzehn... Pikante Hähnchenschenkel mit Grillmarinade
   47

   16.   Gegrilltes mediterranes Gemüse mit Zitronen-Joghurt-Dressing und Kartoffeln.....................................49

   17.   Gegrillte Früchte mit Karamellsauce..................52

   18. Auberginen-Cannelloni 55

19. Miso-gegrillte Auberginen-Gurken-Reisschale.........57

20. Gegrilltes Gemüse mit Buttersauce...........................60

21. Würziges Brot auf dem Grill.....................................62

22. Spieße mit Thunfisch, Wassermelone und Avocado64

23. Gegrilltes mariniertes Flankensteak, ganzheitliches Rezept...68

24. Bio gegrilltes italienisches Hühnchenrezept.............70

25. Bio-Rezept für gegrillten Spargel.............................72

26. Gegrilltes Hühnchen aus Kalifornien.......................74

27. Koriander Limette Gegrillter Lachs..........................76

28. Gegrillter Zucchinisalat...78

29. Gegrillter Fenchel mit Mozzarella und Kapern-Zitronen-Dressing...80

30. Gegrilltes Hähnchen..82

31. Gegrillte Pflaumen mit Orange, Vanille und Pistachen...85

32. Lammkeule über dem Grill geschmort....................87

33. Avocado in Speck gewickelt....................................89

34. Gegrillte Knödel auf feinem Krautsalat mit Speck...90

35. Sandwich mit Speck, Tomate und Salat...................93

36. Adana Kebab Rezept..95

37. Flügel Rezept mit Sauce..98

38. Gewürztes Schaschlik-Rezept................................100

39. Hamburger Pastetchen Rezept...............................102

40. Fleischbällchen-Spieß Rezept................................104

41. Rezept für Barbecue-Sauce 107

42. Huhn mit BBQ Sauce für 4 109

43. Red Beans Grill für 1..111

44. Gemüsespieße und gegrillter Käse 113

45. Gegrillter Meeresfrüchtesalat und Salsa Verde mit Thai-Basilikum 115

46. Senfsauce 119

47. Gegrilltes Hähnchen mit Ranch-Sauce....................120

48. Steak Tomahawk gegrillt 123

49. Barbecue Erdnuss Hühnchen Spieße.......................125

50. Gegrillte Rindfleisch-Tacos mit Süßkartoffeln 127

FAZIT 131

EINFÜHRUNG

Wenn Sie ab und zu gut grillen, verpassen Sie es, wenn Sie nicht mit Traeger zusammen sind. Traegers sind schließlich Holzgrills. Am Ende des Tages gewinnen immer Holz und Propan. Der Geschmack, Ihr Fleisch auf einem Holz- oder Holzkohlefeuer zu kochen, ist Ihnen alles andere überlegen. Das Kochen Ihres Fleisches auf Holz verleiht einen ausgezeichneten Geschmack.

Bei jedem anderen Pelletgrill müssen Sie das Feuer ständig überwachen, um Aufflackern zu vermeiden, was das Babysitzen zu einem Schmerz im Arsch macht. Traeger verfügt jedoch über eine integrierte Technologie, um sicherzustellen, dass Pellets regelmäßig gefüttert werden. Um zu sehen, wie heiß der Grill ist, misst er und fügt Holz zu / Pellets hinzu oder entfernt es, um die Temperatur zu steuern. Natürlich verfügt ein Traeger-Grill über einen einfach zu bedienenden Temperaturregler

Sie können zwischen billigen Grills und teuren Grills von Traeger wählen. Wählen Sie eine zwischen 19.500 BTU oder 36.000 BTU. Alles ist auch möglich. Die Grillleistung variiert mit der Grillintensität.

Sie sind nicht nur Grills. Sie sind auch Mischer. Der gesamte Kochbereich ist durch Hauben verdeckt, die Sie herunterziehen können. Wärme wird in den Kochbereich gedrückt. Es ist wahrscheinlich, dass heiße Luft und Rauch gleichmäßig verteilt werden, während Ihr Essen im Topf kocht.

Zusätzlich sind Traeger-Grills auch ein Heißluftofen. Im Allgemeinen sind Traegers ziemlich verzeihend. Nur zur Veranschaulichung ... Sie können einen

Traeger verwenden, um ein Steak sowie eine Pizza zu kochen. Sogar mehr.

Es verbraucht auch weniger Strom. Die Ersteinrichtung dauert 300 Watt. aber nur der Beginn des Prozesses. Danach verbraucht die Glühbirne nur noch 50 Watt.

Was ist der Grill? Rauchen oder Grillen?

Ja und nein. Obwohl die gebräuchlichste Verwendung des Begriffs „Grillen" den Gartengrill beschreibt, haben einige Leute eine andere Definition des Begriffs. Das Grillen kann in zwei Kategorien unterteilt werden: heiß und schnell und niedrig und langsam.

Beim Grillen wird im Allgemeinen eine direkte Wärme zwischen 300 und 500 Grad verwendet. Es macht einen tollen Job auf Steak, Huhn, Koteletts und Fisch. Während das Essen kocht, müssen Sie es genau beobachten, um Verbrennungen zu vermeiden. Es nimmt nicht weniger rauchigen Geschmack auf. Meistens ist dies eine einfache und unterhaltsame Art zu kochen. Sie haben genügend Zeit, um während des Kochens mit Ihren Freunden und Ihrer Familie abzuhängen.

Es ist niedrig und langsam. Indirekte Hitze und Temperaturen in einem Raucher liegen normalerweise zwischen 200 und 275. Wenn Sie schon einmal in Kansas City, Memphis oder Texas waren, wissen Sie, wovon ich spreche. Ein langsam und schwach geräuchertes Stück Fleisch kann zwischen 2 und 15 Stunden brauchen, um seinen natürlichen Geschmack voll zu entfalten. Wenn Sie in ein langsam geräuchertes Fleisch schauen, bedeutet ein rosa "Rauchring", dass das Fleisch schon lange im Raucher ist

Verwendung von Holz bei Grillrauchern

Die Essenz eines guten Grillrauchens ist Holz. Es ist das, was dem Gericht seinen Geschmack verleiht. Holz war einst der einzige verfügbare Brennstoff, aber es ist schwierig, die Temperatur und die Rauchmenge zu kontrollieren, die das Fleisch erreichen. Die Mehrheit der Menschen benutzt heutzutage Holzkohle-, Gas-, Pellet- oder Elektro-Raucher. Das Holz wird in Stücken, Pellets oder Sägemehl hinzugefügt, und es schwelt und erzeugt eine schöne Menge Rauch.

Der häufigste Anfängerfehler ist das Überrauchen des Fleisches. Anfänger sollten mit einer kleinen Menge Holz beginnen und sich nach oben arbeiten. Es ist ein weit verbreitetes Missverständnis, dass Sie das Holz vor der Installation einweichen sollten, aber es macht keinen großen Unterschied. Holz nimmt Wasser nicht gut auf und verdunstet schnell.

Wenn Sie eingeweichtes Holz auf Holzkohlekohlen legen, kühlt es diese ab und Sie möchten die Temperatur beim Räuchern von Fleisch konstant halten.

Abhängig von der verwendeten Holzart variiert der Geschmack. Die beste Holzart ist trockenes, nicht grünes Holz. Bei der Auswahl von Holz ist es wichtig, safthaltige Hölzer wie Kiefern, Zedern, Tannen, Zypern, Fichten oder Rotholz zu vermeiden. Der Saft verleiht dem Fleisch einen abstoßenden Geschmack. Außerdem sollten Holzreste niemals verwendet werden, da sie normalerweise mit Chemikalien behandelt werden. Es ist keine gute Idee, einen Grill zu rauchen. Hickory, Apfel, Erle und Mesquite sind einige der beliebtesten Hölzer. Hickory und Mesquite verleihen Fleisch einen kräftigen Geschmack, daher eignet es sich am besten für stark gewürztes Fleisch wie Rippchen. Apfel- und Erlenholz erzeugen einen süßeren, leichteren

Rauch, der sich ideal für nicht übermäßig gewürztes Fleisch wie Fisch und Hühnchen eignet.

Sie können die Chips direkt mit der Holzkohle in einen Holzkohlegrillraucher werfen. Holzklumpen eignen sich am besten für Gasgrills. Wenn Sie Probleme haben, die Holzstücke zum Schwelen zu bringen, wickeln Sie sie in Alufolie ein und schneiden Sie oben Schlitze. Legen Sie die Holzstücke in einen Folienbeutel auf die heißen Kohlen. In wenigen Minuten sollte das Holz zu schwelen beginnen. Es ist wichtig, das Holz so schnell wie möglich in den Grillprozess einzubeziehen. Rauch wird von kaltem Fleisch leichter aufgenommen.

Sie sollten immer die Menge an Holz wiegen, die Sie hineingegeben haben. Auf diese Weise können Sie die Menge jedes Mal fein einstellen, um den gewünschten Effekt zu erzielen. Abhängig von der Dicke des Fleisches variiert die Menge. Verwenden Sie für Rippchen 8 Unzen für Bruststück und gezogenes Schweinefleisch und 2 Unzen für Huhn, Truthahn und Fisch etwa 4 Unzen Holz.

Wenn das Holz anfängt zu brennen oder es einen langen Grillrauch gibt, müssen Sie möglicherweise kreativ werden. Um das Holz weiter zu isolieren, legen Sie es in eine Eisenpfanne auf die Kohlen. Für längeres Grillen können Sie auch eine sogenannte Rauchbombe herstellen. Füllen Sie eine Folienpfanne mit ausreichend Wasser, um die Holzspäne zu bedecken, und die andere mit genügend Wasser, um die Holzspäne zu bedecken. Derjenige, der nicht nass ist, beginnt sofort zu schwelen. Wenn das Wasser aus dem zweiten verdunstet, entzündet es sich und schwelt. Sie müssen die Tür nicht ständig öffnen, um auf diese Weise mehr Holz hinzuzufügen.

RAUCHER- UND GRILLREZEPTE

1. Würziges Brot auf dem Grill

Zutaten

- 1 Vollbrot
- 100 gr Butter
- 2 Zweige frischer Thymian
- 2 Zweige frisches Basilikum
- ¼ Bund Petersilie

- Olivenöl
- Salz
- Schwarzer Pfeffer
- rote Paprika
- 250 gr geriebener Cheddar-Käse

Vorbereitung

1. Butter, fein gehackten Thymian, Basilikum, Petersilie, Salz und Gewürze in einer tiefen Schüssel mischen. Das Brot in Scheiben schneiden, damit es nicht zerbricht. Verteilen Sie Butter zwischen jeder Scheibe und streuen Sie den Cheddar-Käse darüber.

2. Verteilen Sie die Aluminiumfolie auf der Theke. Verteilen Sie Pergamentpapier und legen Sie das Brot hinein. Bewegen Sie den Mauszeiger über ein wenig Olivenöl. Wickeln Sie das Papier vorsichtig um den Rand. 15 Minuten bei überhitztem Grill braten. Heiß servieren.

Zutaten

- 3 Stück Steak
- 3 geröstete Paprika

Für die Sauce

- 1 Esslöffel Worcestershire-Sauce
- 2 Esslöffel Honig
- 4 Esslöffel Balsamico-Essig
- 3 Esslöffel Ketchup oder scharfe Sauce
- 1 Teelöffel Dijon-Senf
- 3 Esslöffel Olivenöl

- 1 Teelöffel Kristallzucker
- Salz
- Schwarzer Pfeffer

Vorbereitung

1. Mischen Sie die Zutaten für die Sauce in einer tiefen Schüssel. Legen Sie geröstete Paprika auf jedes Steak und wickeln Sie es in Rollenform ein. Schneiden Sie die Brötchen in zwei Hälften und fädeln Sie die Flasche ein. Grillen Sie die Steaks. Wenn Sie beide Seiten kochen, tragen Sie einen Pinsel aus der Sauce auf. Nehmen Sie Ihre Steaks auf den Servierteller.

Zutaten

- 500 g Garnelen

Für die Sauce

- Die Hälfte der frischen Minze
- 1 ~ 2 Schalotten
- 3 Knoblauchzehen
- 2 Esslöffel Apfelessig
- 1 Teeglas Olivenöl
- 1 Teelöffel Zucker
- 2 Teelöffel Salz
- 1 Teelöffel roter Paprika

Vorbereitung

1. Für die Sauce alle Zutaten außer Olivenöl in den Mixer geben und den Mixer laufen lassen. Fügen Sie langsam Olivenöl hinzu und haben Sie eine dicke Konsistenz. Die Garnelen extrahieren und in eine tiefe Schüssel geben. Bewegen Sie den Mauszeiger über die Sauce und finden Sie alle Seiten. Wickeln Sie die Stretchfolie ein und lassen Sie sie mindestens 2-3 Stunden im Kühlschrank. Die Garnelen in die Flasche geben. Auf überhitztem Grill kochen. Heiß servieren.

Zutaten

- 750 g Hähnchenbrustfilet

Für die Sauce:

- 2 Esslöffel Sojasauce
- 1 Esslöffel Honig
- 2 Knoblauchzehen
- 1 Teelöffel geriebener frischer Ingwer
- 1 Teelöffel brauner Zucker
- 1 Teeglas Olivenöl
- Salz
- Schwarzer Pfeffer

Vorbereitung

1. Nehmen Sie die Zutaten für die Sauce in eine tiefe Schüssel und mischen Sie.

2. Hähnchenbrust in große Stücke schneiden. Nehmen Sie das Hühnerfleisch in die Schüssel mit der Sauce und mischen Sie. Dehnen Sie den Film und lassen Sie ihn 1 Stunde im Kühlschrank ruhen. Index des Fleisches in Flaschen, auf dem Grill kochen. Heiß servieren.

5. Gegrillter Wolfsbarsch mit Gemüse

Zutaten

- 2 Barsche
- 1 Zwiebel
- 2 Knoblauchzehen
- 1 Kartoffel
- 1 Karotte
- 1 Zitrone
- 2 Zweige Rosmarin

Für die Sauce

- 1 Teeglas Olivenöl
- 2 Knoblauchzehen
- 1 Teelöffel roter gemahlener Pfeffer
- 1 Teelöffel roter Paprika
- 1 Teelöffel schwarzer Pfeffer
- 2 Teelöffel Salz

Vorbereitung

1. Reinigen Sie den Barsch. Schneiden Sie alles Gemüse in dünne Scheiben. Du hast den Fisch mit Gemüse gefüllt. Fügen Sie den Rosmarin hinzu. Mischen Sie die Zutaten für die Sauce gründlich mit einer

Gabel. Binden Sie den Fisch mit dem Seil und bringen Sie ihn zum Grill. Bürsten Sie mit Hilfe der Sauce, die Sie zubereiten, und kochen Sie den Fisch Duplex. Dienen.

6. Gegrilltes Gemüse mit Buttersauce

Zutaten

- 2 Zwiebeln
- 4 Mini-Auberginen
- 4 Minikürbisse
- 2 Hühneraugen
- 2 Tomaten
- 200 g Pilze

- 8 Spargel
- 1 Knoblauchzehe

Für die Sauce:

- 100 gr Butter
- 25 g gefüllte Erdnüsse
- 2 Esslöffel Zitronensaft
- 2 Knoblauchzehen
- 2 Zweige frischer Thymian
- 2 Zweige frisches Basilikum
- 1 Teelöffel roter Paprika
- 1 Teelöffel schwarzer Pfeffer
- Salz

Vorbereitung

1. Für die Sauce die Butter bei Raumtemperatur weich machen, gebratene Erdnüsse, Zitronensaft, Knoblauch, Gewürze und Salz in einer mageren Pfanne mager geben und glatt rühren.

2. Schneiden Sie das Gemüse auf die gewünschte Größe und legen Sie es auf den beheizten Grill. Tragen Sie die mit einem Pinsel zubereitete Sauce auf. Goldbraun kochen und auf einen Servierteller legen. Heiß servieren.

7. Gegrilltes Fleischbällchenrezept

Zutaten

- 600 Gramm mittelfettes Rinderhackfleisch (Rindfleisch-Schaf gemischt)
- 1 Scheibe abgestandenes Brot
- 1 kleine Zwiebelknolle
- 1 Ei
- 1 Teelöffel Kreuzkümmel
- 1/2 Teelöffel Salz
- 1/2 Teelöffel schwarzer Pfeffer

Vorbereitung

1. Die Fleischbällchen, die Sie zubereiten, im Kühlschrank und in einem geschlossenen Behälter für mindestens 2 Stunden, bis Sie Antihaft-Eier und köstliche Fleischbällchen hinzufügen, die Sie zubereiten können.

2. Kochvorschläge für gegrilltes Fleischbällchenrezept

3. Sie können die fein gehackte Petersilie nach Ihren Wünschen in den Frikadellenmörser geben.

4. Wie macht man gegrilltes Fleischbällchen Rezept?

5. Nehmen Sie 600 Gramm mittelfettes Rinderhackfleisch in die Rührschüssel. 1 Ei, 1 geriebene Nektarine, 1 Scheibe abgestandenes Brot, 1 Teelöffel Kreuzkümmel, einen halben Teelöffel Salz und Pfeffer hinzufügen.

6. Fügen Sie alle Zutaten zur Konsistenz des Fleischbällchenmörsers hinzu, kneten Sie, bis er sich erholt hat, schließen Sie den Stretchfilm und lassen Sie ihn mindestens eine halbe Stunde im Kühlschrank ruhen.

7. Walnussgroße Stücke Fleischbällchenmörser schneiden

8. Geben Sie die Fleischbällchen flach mit den mit Wasser angefeuchteten Händen.

9. Indexieren Sie die Fleischbällchen in der heißen Pfanne, in der Sie fetten.

10.	Beginnen Sie mit dem Kochen, indem Sie umkehren. Setzen Sie diesen Vorgang fort, bis alle Fleischbällchen gekocht sind.

11. Ihre Frikadellen sind fertig; Sie können heiß und heiß servieren. Guten Appetit.

8. Hühnchenrezept mit Sauce

Zutaten

- 800 Gramm Hähnchenbrustfilet
- 2 Esslöffel Olivenöl
- 1 Tomate
- 1 Knoblauchzehe
- 1 kleine Zwiebelknolle

- 1 Teelöffel Tomatenmark
- 1 Teelöffel scharfe Sauce (oder 1/2 Teelöffel pulverisierter roter Pfeffer)
- 1 Teelöffel Oregano
- 1 Teelöffel Koriander (falls gewünscht)
- 1/4 Teelöffel Kreuzkümmel

Vorbereitung

1. Wenn Sie Zeit haben, die Marinierzeit von Hühnerfleisch in der von Ihnen zubereiteten Saucenmischung zu verlängern, lassen Sie diese 1 Stunde im Kühlschrank.
2. Huhn Rezept Kochvorschlag
3. Sie können das Huhn auch mit Sauce auf dem Grill oder in einer Pfanne auf fettigem Papier kochen.
4. Hühnchen Rezept Wie zu machen?
5. Schneiden Sie die Hähnchenbrustfilets, die Sie in Wasser waschen und mit einem Papiertuch trocknen, in lange, dünne Streifen.

6. Für die Saucenmischung; Lassen Sie nach dem Schälen der Haut den Saft der geplanten Zwiebel abtropfen. Sie können die Posa-Portion für eine andere Mahlzeit verwenden.

7. Reiben Sie die Tomate mit dem dünnen Teil der Reibe. Den Zwiebelsaft und die geriebenen Tomaten in eine tiefe Rührschüssel geben.

8. Mit Olivenöl, geriebenem Knoblauch, Tomatenmark, scharfer Soße, Thymian, Kreuzkümmel und Koriander mischen.

9. Nehmen Sie die gehackten Hähnchenbrustfilets in die Rührschüssel, decken Sie sie ab und lassen Sie sie im Kühlschrank.

10. Für lange Ruhezeiten (mindestens eine Stunde und eine Nacht, wenn Sie Zeit haben) geben Sie das Hühnerfleisch horizontal an die Holzspieße weiter.

11. Kochen Sie so schnell wie möglich, indem Sie den Duplex auf einer vorgeheizten Pfanne oder einem Grill umdrehen.

12. Nach Wunsch; Teilen Sie es mit Ihren Lieben auf erhitztem Lavash mit lockigen Salatblättern, ringgeschnittenen roten Zwiebeln und Tomatenscheiben.

9. Gegrilltes Gemüserezept

Zutaten

- 2 mittelgroße Auberginen
- 2 Stück mittelgroßer Kürbis
- 2 mittelrote Paprika

- 10 Kirschtomaten

für Pesto-Sauce:

- 1 großes Bündel frisches Basilikum
- 50 Gramm Pinienkerne
- 75 Gramm Parmesan
- 2 Knoblauchzehen1 Tasse Olivenöl
- 1/4 Teelöffel Salz Für Shuttle:
- 2 Esslöffel Granatapfelsaft (falls gewünscht)

Vorbereitung

1. Schneiden Sie die Zucchini und Auberginen in große Stücke, ohne sie zu schälen.

2. Paprika halbieren und in große Stücke schneiden. Entfernen Sie die Stängel der Kirschtomaten.

3. Das gehackte Gemüse und alle Kirschtomaten auf Holzspieße geben.

4. Mit einer Eierbürste Olivenöl darauf verteilen, dann auf Backpapier backen

oder auf dem Grill kochen, bis es Farbe bekommt.

5. Pesto-Sauce zubereiten; Blatt und Blatt, extrahieren Sie das Basilikum, das Sie waschen, in viel Wasser und hacken Sie es dann dünn.

6. Braten Sie Pinienkerne 2-3 Minuten in einer ölfreien Pfanne, um ein knuspriges und intensiveres Aroma zu erhalten.

7. Parmesankäse mit der dünnen Seite der Reibe reiben. Nach dem Extrahieren des Knoblauchs einen Mörser unter Zugabe von Salz einrühren.

8. In der Küchenmaschine mit zerquetschtem Knoblauch, gerösteten Pinienkernen und gehackten Basilikumblättern zerdrücken.

9. Fügen Sie den geriebenen Parmesan und das Olivenöl allmählich hinzu und rühren Sie weiter.

10.   Nehmen Sie das gegrillte Gemüse auf den Servierteller und nehmen Sie die Pesto-Sauce und Granatapfel sauer. Teilen Sie mit Ihren Lieben als lauwarm, ohne zu warten.

10.   Leberschaschrezept

Zutaten

- 1 Kilogramm Lammgras
- 300 Gramm Schwanzöl
- 1 Teelöffel Salz
- 1/2 Teelöffel Kreuzkümmel
- Für Shuttle:
- 2 mittelgroße Zwiebeln
- 1 Teelöffel Sumach

Vorbereitung

1. Nachdem Sie sich mit viel Wasser gewaschen und das überschüssige Wasser abgelassen haben, schneiden Sie die Lammleber mit Hilfe von Papiertüchern in kleine Stücke. Mit Salz mischen.

2. Schneiden Sie das Schwanzfett passend zur Lunge ab. Bewegen Sie die Leberteile zu den Müllspießen. Führen Sie zwei oder drei Teile der Leber ein, gefolgt von einem Stück Schwanzöl. Machen Sie dasselbe mit allen Flaschen.

3. Drehen Sie die Leberspieße im Grill auf den Kopf und kochen Sie alles goldbraun.

4. Mit heißem Kreuzkümmel-Yufka-Brot auf den in den Leberspießen servierten Kochplatten servieren, nach dem Hacken des Sumachs hacken und die mit den Zwiebeln servierten trockenen Zwiebeln.

Zutaten

- 1 Stück Aubergine in Scheiben geschnitten .und in Scheiben geschnitten
- Nur 1/8 Tasse Minzblätter
- Nur 1/2 Bund Petersilienblätter
- 1 Esslöffel Oregano
- 1/4 Tasse dehydrierte Tomate in Drittel geschnitten
- 4 Tassen frischer Babyspinat
- 2 fein gehackte Knoblauchzehen zum Dressing
- 1 Esslöffel Tahini zum Ankleiden
- 1/2 Esslöffel Paprika zum Dressing
- 1 Stück Zitronensaft zum Dressing

- 1 Esslöffel Olivenöl zum Dressing
- 1 Prise Salz zum Dressing
- 1/4 Tasse zerbröckelter Feta-Käse

Vorbereitung

1. Heizen Sie einen Grill über hoher Hitze; Grillen Sie die Auberginen, bis sich die klassischen Grillspuren gebildet haben. Zurückziehen und reservieren

2. In einer Schüssel die Auberginen mit den Minzblättern, der Petersilie, dem Oregano, den dehydrierten Tomaten und dem Spinat mischen. Reservierung.

3. In einer Schüssel Knoblauch, Tahini, Paprika, Zitrone und Olivenöl mit dem Schneebesen mischen und nach Belieben würzen.

4. Mischen Sie den Salat mit dem Dressing und bestreuen Sie ihn nach Belieben mit dem Feta-Käse.

12. Quesadillas mit leckerem Grillgemüse

Zutaten

- 8 Tortillas
- 1 Zucchini
- 2 rote Paprika
- 1 rote Zwiebel
- 100 gr Feta
- Pfeffer und Salz
- Olivenöl

Vorbereitung

1. So machen Sie das in Scheiben geschnittene .Zucchini mit einem Käsehobel in dünne Bänder schneiden.

2. Paprika in Streifen und die rote Zwiebel in halbe Ringe schneiden.

3. Braten, grillen oder braten Sie das Gemüse kurz in etwas Olivenöl und würzen Sie es mit Salz und Pfeffer. Jetzt leg sie beiseite.

4. Erhitzen Sie eine trockene Pfanne auf Ihrem Gasbrenner. Legen Sie eine Packung in die Pfanne.

5. Mit etwas Zucchini, Paprika und Zwiebeln bedecken und ein Viertel des Fetas über die Packung streuen.

6. Legen Sie den anderen Wickel darauf und lassen Sie ihn bei schwacher Hitze aufwärmen.

7. Lassen Sie die Quesadilla auf einem Teller gleiten und legen Sie sie dann wieder in die Pfanne.

8. Den Boden kurz erhitzen.

9. Die Quesadilla vierteln und sofort servieren.

10.   Sie können möglicherweise einen Salat damit essen.

13. Vegane Gemüsespiesse mit Kräutern

Zutaten

- 200 g Kirschtomaten
- 100 g Zucchini
- 100 g Rettich
- 100 g Paprika
- 100 g Pilze
- 1 Zwiebel
- 1 Zweig Rosmarin
- 2 Zweige Thymian

- 3 EL. Olivenöl
- Bunter Pfeffer
- Meersalz

Vorbereitung

1. Tomaten, Küretten und Radieschen waschen und abtropfen lassen

- Die Zucchini in dicke Scheiben schneiden und in 4 Stücke teilen
- Befreien Sie den Rettich vom Grün und schneiden Sie ihn in zwei Hälften
- Entfernen Sie für Paprika die Kerne und Trennwände, spülen Sie sie aus und schneiden Sie sie in Stücke.

2. Zwiebel schälen und in Stücke schneiden

- Waschen Sie die Kräuter und schütteln Sie sie trocken, dann pflücken Sie die Blätter vom Stiel und hacken Sie sie
- Die Pilze putzen und das trockene Stielende abschneiden
- Dann die Pilze halbieren.

3. Legen Sie die vorbereiteten Zutaten abwechselnd auf Holzspieße

- Spieße auf einen Teller legen und mit Öl beträufeln
- Mit Salz, Pfeffer würzen und mit den Kräutern bestreuen
- Rundum Spieße auf dem heißen Grill oder in der Grillpfanne grillen.

14.Gegrillter Beef Angus und Chorizo

Zutaten:

- 1 Pfund High River Angus, in dünnen Steaks

- Verwenden Sie eine Flasche 12 Unzen mexikanisches Bier mit Pacifico, Sol oder Montejo
- Ein Teelöffel Salz
- 1 Smoky Ridge
- Eine mittelweiße Zwiebel
- 1 ½ Pfeffer Paprika (Paprika)
- Ein Esslöffel Olivenöl oder Raps
- Ein Teelöffel Knoblauchsalz
- Pfeffer nach Geschmack
- Eine Packung mit 24 Tortillas Taquerias. Wenn Sie die Tacos mit doppelter Tortilla servieren möchten, benötigen Sie zwei Packungen.
- Rote Sauce, grüne Sauce oder Avocadosauce
- Zehn kleine Zitronen, optional

Vorbereitung

1. In eine Schüssel die Steaks, das Bier und einen Löffel Salz geben. Decken Sie 1

Stunde lang in den Kühlschrank und den Yachthafen.

2. Die Chorizo schälen und in kleine Stücke schneiden. Beiseite lassen.

3. Zwiebel und Chilischoten fein hacken.

4. Das Pflanzenöl in der Pfanne erhitzen und die Zwiebel braten, bis sie etwa 2 Minuten weich ist. Fügen Sie die gehackten Paprikaschoten hinzu und kochen Sie sie unter gelegentlichem Rühren etwa 5 Minuten lang oder bis die Paprikaschoten weich sind.

5. Erhitzen Sie eine Rotisserie oder eine Grillpfanne, um die gehackte Wurst etwa 5 Minuten lang oder bis sie vollständig gekocht ist, zu kochen.

6. Grillen Sie die Steaks nacheinander, je nachdem, wie dick sie pro Seite etwa zwei Minuten dauern. Die gerösteten Steaks in dünne Streifen schneiden.

7. Steaks und Chorizo einrühren. Fügen Sie das Gemüse, das Knoblauchsalz und den Pfeffer hinzu, um zu schmecken. Noch zwei Minuten kochen lassen. Stellen Sie das Salz ein.

8. Auf Wunsch in Tacos mit der Sauce nach Belieben und Zitronensaft servieren.

15. Pikante Hähnchenschenkel mit Grillmarinade

Zutaten

- Einzehe Knoblauch (zerkleinert)
- 1/2 Esslöffel Senf
- 2 TL Zucker (braun)

- Ein Teelöffel Chilipulver
- Pfeffer (schwarz, frisch gemahlen)
- 1 EL Olivenöl
- 5 Stück Huhn Unterschenkel

Vorbereitung

1. Für die würzigen Hähnchenschenkel mit Grillmarinade den Knoblauch mit dem Senf, dem braunen Zucker, dem Chilipulver, einer Prise Salz und frisch gemahlenem Pfeffer mischen. Mit dem Öl mischen.

2. Hähnchenschenkel mit der Marinade einreiben und 20 Minuten marinieren.

3. Legen Sie die Hähnchenschenkel in den Korb und schieben Sie den Korb in den Schnellkochtopf. Stellen Sie den Timer auf 10-12 Minuten ein.

4. Hähnchenschenkel bei 200 ° C braten, bis sie braun sind. Minimieren Sie die Temperatur auf 150 ° C und braten Sie

die Hähnchenschenkel weitere 10 Minuten, bis sie gekocht sind.

5. Die würzigen Hähnchenschenkel mit Grillmarinade mit Maissalat und Baguette servieren.

16.Gegrilltes mediterranes Gemüse mit Zitronen-Joghurt-Dressing und Kartoffeln

Zutaten

- Knoblauch

- Tomaten
- Zwiebel
- Gemüse
- Kartoffeln
- Joghurt
- Wasser
- Zitronensaft
- Salz und Pfeffer
- Rosmarinzweige

Vorbereitung

1. Waschen Sie die kleinen Kartoffeln und kochen Sie sie dann 8 Minuten lang in kochendem Salzwasser vor. Die Kartoffeln abtropfen lassen und halbieren. Das Gemüse putzen und in Stücke schneiden. Zwiebel entfernen und würfeln. Knoblauchzehe abziehen und fein hacken. Waschen Sie die Datteltomaten, aber lassen Sie sie in Ruhe.

2. Nun die Kartoffeln, das gehackte Gemüse, die Tomaten, die Zwiebeln und den Knoblauch in eine Auflaufform geben. Mit Salz und Pfeffer würzen, die Rosmarinzweige hinzufügen und erneut mischen. Gib Olivenöl darüber.

3. Erhitzen Sie die Luftfritteuse auf 260 ° C Grillfunktion, setzen Sie die Auflaufform ein und grillen Sie das Gemüse etwa 15 Minuten lang.

4. In der Zwischenzeit Joghurt, leichte Mayonnaise und Zitronensaft mischen und mit Salz und Pfeffer würzen.

5. Das Joghurtdressing für mediterranes Grillgemüse reicht aus. Das gegrillte Gemüse mit den Kartoffeln schmeckt warm und kalt. Daher ist es auch ideal für Partybuffets oder zum Mitnehmen!

Zutaten

Für die Obstspiesse:

- 2 Äpfel
- 1 Mango
- 1/2 Ananas
- 8 Erdbeeren
- 1/2 Zitrone
- 1 EL. Zucker für die Karamellsauce:
- 150 g Butter
- 70 g Zucker
- 100 ml Schlagsahne

Vorbereitung

1. Schälen Sie die Äpfel für die gegrillten Früchte, schneiden Sie sie in Scheiben

und entfernen Sie die Kernhülle. Die Mango schälen, den Kern entfernen und in Scheiben oder Würfel schneiden. Die Ananas schälen, das holzige Innere entfernen und in Würfel schneiden. Erdbeeren waschen, Blattgrün entfernen.

2. Drücken Sie die Zitrone aus. Die Früchte mit Zitronensaft bestreuen und mit Zucker bestreuen. Abwechselnd die Obststücke auf Holzspieße legen und ca. 6 Minuten, häufig drehen. Die Butter schmelzen und die Obstspieße beim Grillen immer wieder mit der geschmolzenen Butter bestreichen. Lassen Sie die Spieße nicht zu lange auf dem Grill, damit die Fruchtstücke nicht schlammig werden.

3. Für die Karamellsauce Butter und Zucker in einen Topf geben und schmelzen. Rühren, bis sich der Zucker aufgelöst hat

und braun geworden ist. Schlagsahne in der Luftfritteuse erhitzen und Karamell einrühren.

4. Die gegrillten Früchte werden mit Karamellsauce serviert.

18. Auberginen-Cannelloni

Zutat

- 1 Aubergine
- 2 Thunfischdosen
- 1 gekochtes Ei
- Gemahlener Pfeffer
- Gesunde Tomatensauce
- Geriebener Essen Sie mageren Proteinkäse

Vorbereitung

1. Wir heizen die Luftfritteuse auf 200° vor
2. Wir waschen die Auberginen gut, schneiden die Enden ab und laminieren sie mit Hilfe einer Mandoline.

3. Jetzt werden wir die 2 Dosen Thunfisch mit dem gekochten Ei zerdrücken, um die Füllung der Cannelloni zu erzeugen.

4. Sobald wir alle Zutaten vorbereitet haben, werden wir mit der Herstellung unserer Brötchen beginnen.

5. Wir geben ein wenig der Mischung in die breiteste Stelle der Aubergine und rollen bis zum Ende.

6. Wir schließen mit Hilfe eines Zahnstochers.

7. Wiederholen Sie den Vorgang, bis die Füllung abgeschlossen ist.

8. Jetzt legen wir alle unsere Cannelloni in eine für die Luftfritteuse geeignete Form.

9. Mit Pfeffer abschmecken.

10. Wir geben einen Teelöffel Tomate darauf.

11. Und wir haben mit ein bisschen fettarmem Käse fertig.

12. Bei ausgeschaltetem Grill 20 bis 30 Minuten bei 200 ° C backen (abhängig von der Luftfritteuse), da sonst der Käse brennt.

19. Miso-gegrillte Auberginen-Gurken-Reisschale

Zutaten

- 1/4 einer Gurke
- 1 Esslöffel Puderzucker plus 1 Prise
- 7 Esslöffel japanischer Reisessig
- 300 g Sushi-Reis
- 3 Auberginen (insgesamt 750 g)
- 3 Esslöffel süßes weißes (Shiro) Miso

- 1 Esslöffel Mirin Reiswein
- 4 Frühlingszwiebeln
- 1 Esslöffel Sesam, optional

Vorbereitung

1. Die Gurke in kleine Scheiben schneiden und in eine Schüssel geben. 1 große Prise Meersalz und Zucker, 2 Esslöffel Essig hinzufügen und in die Gurke einmassieren.

2. Stellen Sie eine Schüssel in die Schüssel und beschweren Sie sie mit etwas Schwerem. Zur Seite stellen, damit das überschüssige Wasser abfließen kann.

3. Spülen Sie den Reis ab, bis das Wasser fast klar ist. Abgießen und in einen kleinen Topf mit 375 ml Wasser geben.

4. Tippen Sie auf einen Glasdeckel, bringen Sie ihn zum Kochen und köcheln Sie dann bei schwacher Hitze 25 Minuten lang oder bis Sie Löcher in der Oberfläche des Reises sehen (versuchen

Sie nicht, den Deckel anzuheben). Nehmen Sie die Hitze ab und lassen Sie sie 20 Minuten lang bedeckt.

5. Fügen Sie 4 Esslöffel Essig zum Reis mit Esslöffeln Zucker und einer Prise Salz hinzu.

6. Heben Sie den Grill an. Die Auberginen vierteln und das Fleisch schneiden. Legen Sie das Fleisch mit der Seite nach oben auf ein mit Folie bedecktes Backblech und kochen Sie es 15 Minuten lang oder fast zart.

7. Mischen Sie Miso und Mirin mit dem restlichen Essig und 1 Esslöffel Wasser. Die Hälfte der Glasur über die Aubergine verteilen. Weitere 8 bis 10 Minuten grillen und mit der restlichen Glasur halbieren, bis sie weich sind.

8. In der Zwischenzeit Sesam (falls verwendet) in einer trockenen Pfanne goldbraun rösten.

9. Legen Sie die Aubergine auf ein klebriges Reisbett. Frühlingszwiebeln fein hacken, in Scheiben schneiden, mit Sesam (falls verwendet) über die Aubergine streuen und mit Gurke an der Seite anrichten.

20. Gegrilltes Gemüse mit Buttersauce

Zutaten

- 2 Zwiebeln
- 4 Mini-Auberginen
- 4 Minikürbisse
- 2 Hühneraugen
- 2 Tomaten
- 200 g Pilze

- 8 Spargel
- 1 Knoblauchzehe

Für die Sauce:

- 100 gr Butter
- 25 g gefüllte Erdnüsse
- 2 Esslöffel Zitronensaft
- 2 Knoblauchzehen
- 2 Zweige frischer Thymian
- 2 Zweige frisches Basilikum
- 1 Teelöffel roter Paprika
- 1 Teelöffel schwarzer Pfeffer
- Salz

Vorbereitung

3. Für die Sauce die Butter bei Raumtemperatur weich machen, gebratene Erdnüsse, Zitronensaft, Knoblauch, Gewürze und Salz in einer

mageren Pfanne mager geben und glatt rühren.

4. Schneiden Sie das Gemüse auf die gewünschte Größe und legen Sie es auf den beheizten Grill. Tragen Sie die mit einem Pinsel zubereitete Sauce auf. Goldbraun kochen und auf einen Servierteller legen. Heiß servieren.

21. Würziges Brot auf dem Grill

Zutaten

- 1 Vollbrot
- 100 gr Butter
- 2 Zweige frischer Thymian
- 2 Zweige frisches Basilikum
- ¼ Bund Petersilie
- Olivenöl
- Salz
- Schwarzer Pfeffer
- rote Paprika
- 250 gr geriebener Cheddar-Käse

Vorbereitung

3. Butter, fein gehackten Thymian, Basilikum, Petersilie, Salz und Gewürze in einer tiefen Schüssel mischen. Das Brot in Scheiben schneiden, damit es nicht zerbricht. Verteilen Sie Butter zwischen jeder Scheibe und streuen Sie den Cheddar-Käse darüber.

4. Verteilen Sie die Aluminiumfolie auf der Theke. Verteilen Sie Pergamentpapier und legen Sie das Brot hinein. Bewegen Sie den Mauszeiger über ein wenig Olivenöl. Wickeln Sie das Papier vorsichtig um den Rand. 15 Minuten bei überhitztem Grill braten. Heiß servieren.

22. Spieße mit Thunfisch, Wassermelone und Avocado

Zutaten:

- 400 g Thunfischlende
- 500 g Wassermelone
- 1 Zitrone
- 1 dl Sojasauce

- 2 Teelöffel Sesam
- 2 Avocados
- 2 Teelöffel Zucker
- 2 Zweige Schnittlauch
- Olivenöl
- Pfeffer und Salz

Vorbereitung

1. Den Fisch und die Wassermelone putzen und hacken. Einerseits den Thunfisch waschen und in normale Würfel schneiden. Zum anderen die Wassermelone reinigen und schälen. Und 400 g in Würfel schneiden, die genauso groß sind wie der Thunfisch.

2. Wassermelone und Sojabohnen reduzieren. Tritura die 100 g Wassermelone übrig, um einen Saft zu erhalten. Diesen Saft abseihen, mit dem Zucker und der Sojasauce in einen Topf auf dem Feuer legen und mit dem weichen Feuer und Rühren um die Hälfte

reduzieren. Würzen und abkühlen lassen.

3. Montieren Sie die Spieße. Fädeln Sie die Thunfisch- und Wassermelonenwürfel in jeden Spieß, verteilen Sie sie mit Öl, bestreuen Sie sie und lassen Sie sie etwa 20 Minuten lang marinieren.

4. Bereiten Sie die Begleitung vor. Während die Spieße mazeriert sind, schälen Sie die Avocados, zitieren Sie den Knochen und schneiden Sie sie in Würfel. Fügen Sie den Zitronensaft, 2 Esslöffel Öl, den gewaschenen und gehackten Schnittlauch, Salz, Pfeffer hinzu und rühren Sie die Mischung um.

5. Die Spieße grillen und servieren. Zum Schluss die Spieße auf einem mit Öl gefetteten Teller auf jeder Seite ca. 1 Minute braten. Und wenn sie fertig sind, verteilen Sie die Spieße mit der Soja- und Wassermelonenreduktion, bestreuen Sie

sie mit dem Sesam und servieren Sie sie mit der Avocado als Beilage

23. Gegrilltes mariniertes Flankensteak, ganzheitliches Rezept

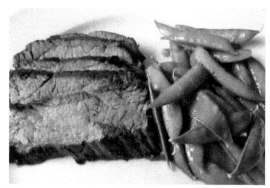

Zutaten

- 2 Pfund Flankensteak
- 1/3 Tasse Olivenöl
- 2 gehackte Knoblauchzehen
- 2 Esslöffel Rotweinessig
- 1/3 Tasse flüssiges Amino
- 1/4 Tasse Honig
- 1/2 Teelöffel frisch gemahlener schwarzer Pfeffer

Vorbereitung

1. Ritzen Sie die Oberfläche des Steaks ein, indem Sie es in 1/4-Zoll-tiefe

Messerschnitte von 1/2-Zoll über das Fleischkorn schneiden.

2. Mischen Sie die restlichen Zutaten und gießen Sie sie über das Steak, um eine Marinade zu erhalten.

3. Gut auftragen und mindestens 2 Stunden oder über Nacht im Kühlschrank lagern.

4. Den Grill auf mittlere Hitze vorheizen.

5. Mit Olivenöl in einem Papiertuch getränkt; Beschichten Sie den Grill Ihres Grills mit Olivenöl.

6. Nehmen Sie das Steak aus der Marinade und bestreuen Sie es mit Salz und Pfeffer. Dadurch entsteht eine Kruste auf dem Steak.

7. Legen Sie das Steak auf den heißen Grill und grillen Sie es 4-6 Minuten pro Seite, je nachdem, wie Sie Ihr Steak mögen. Das Flankensteak sollte für beste Ergebnisse mittelgroß serviert werden.

Gut gemacht würde hartes Fleisch machen.

8. Entfernen Sie den Grill und bedecken Sie ihn 10 Minuten lang mit Folie, um alle Säfte zu versiegeln.

9. Schneiden Sie sehr dünne Scheiben gegen das Korn und stellen Sie sicher, dass die Scheiben breit sind.

10. Nehmen Sie die überschüssige Marinade, bringen Sie sie zum Kochen, kochen Sie sie einige Minuten lang und servieren Sie sie über dem Flankensteak.

24. Bio gegrilltes italienisches Hühnchenrezept

Zutaten

- 1 Pfund Bio-Hühnerbrust ohne Knochen
- 1/4 Tasse italienisches Dressing / Marinade

Vorbereitung:

1. Brennen Sie Ihren Grill bei mittlerer Hitze.

2. Wenn Sie eine Grillpfanne verwenden, stellen Sie die Brenner auf mittlere Hitze.

3. Hähnchen mindestens 1 Stunde in italienischem Dressing marinieren.

4. Die Hähnchenbrust mit italienischem Dressing / Marinade bestreichen und auf den Grill legen.

5. Kochen Sie Ihr Huhn und kleben Sie es während der gesamten Garzeit mit Ihrem italienischen Dressing / Ihrer italienischen Marinade.

6. Kochen Sie, bis Ihr Huhn die Innentemperatur von etwa 20 Minuten

erreicht hat, und drehen Sie das Huhn zur Hälfte auf die andere Seite.

25. Bio-Rezept für gegrillten Spargel

Zutaten

- 1 Pfund Spargel
- 1 EL mit Gras bestrichen (geschmolzen)
- Unraffiniertes Meersalz
- Pfeffer nach Geschmack

Vorbereitung:

1. Schneiden Sie Spargel, dies wird leicht erreicht, indem Sie die Enden abbrechen, wo es natürlich abbricht.

2. Gießen Sie die geschmolzene Butter über Spargel und werfen Sie sie zum Überziehen.

3. Großzügig mit Salz und Pfeffer würzen.

4. Auf einen heißen Grill legen (mittlere Hitze) und ca. 5-10 Minuten grillen, bis der Spargel weich ist (häufig wenden).

26. Gegrilltes Hühnchen aus Kalifornien

Zutaten

- 3/4 c. Balsamico Essig
- 1 Teelöffel. Knoblauchpulver
- 2 EL. Honig
- 2 EL. Natives Olivenöl extra
- 2 TL. Italienisches Gewürz
- Koscheres Salz
- Frisch gemahlener schwarzer Pfeffer
- 4 Hähnchenbrust ohne Knochen ohne Haut
- 4 Scheiben Mozzarella
- 4 Scheiben Avocado
- 4 Tomatenscheiben

- 2 EL. Frisch geschnittenes Basilikum zum Garnieren
- Balsamico-Glasur zum Nieseln

Vorbereitung

1. In einer kleinen Schüssel Balsamico-Essig, Knoblauchpulver, Honig, Öl und italienische Gewürze verquirlen und mit Salz und Pfeffer würzen. Gießen Sie das Huhn und marinieren Sie es 20 Minuten lang.

2. Wenn Sie zum Grillen bereit sind, heizen Sie den Grill auf mittelhoch. Reiben Sie die Ölgrills und das Huhn 8 Minuten auf jeder Seite, bis sie verkohlt und durchgegart sind.

3. Top Huhn mit Mozzarella, Avocado und Tomate und Deckel Grillschmelze, 2 Minuten.

4. Mit Basilikum garnieren und mit etwas Balsamico-Glasur beträufeln.

27. Koriander Limette Gegrillter Lachs

Zutaten

- 4 (6 Unzen) Lachsfilets
- Koscheres Salz
- Frisch gemahlener schwarzer Pfeffer
- 4 EL. Butter
- 1/2 c. Limettensaft
- 1/4 c. Honig
- 2 gehackte Knoblauchzehen
- 2 EL. Gehackter Koriander

Vorbereitung

1. Lachs mit Salz und Pfeffer würzen.
   Erhitzen Sie den Grill und legen Sie das
   Lachsfleisch mit der Seite nach unten

auf den Grill. 8 Minuten kochen lassen, dann wenden und auf der anderen Seite kochen, bis der Lachs durchgegart ist, weitere 6 Minuten. 5 Minuten ruhen lassen.

2. In der Zwischenzeit die Sauce zubereiten: In einem mittelgroßen Topf bei mittlerer Hitze Butter, Limettensaft, Honig und Knoblauch hinzufügen. Mischen Sie es, bis die Butter geschmolzen ist und alle Zutaten kombiniert sind. Hitze abstellen und Koriander hinzufügen.

3. Sauce mit Lachs übergießen und servieren.

Zutat

- 2 Zucchini
- 3 Esslöffel mildes Olivenöl
- 1 EL Balsamico-Essig
- 50 g Haselnüsse
- 15 g frisches Basilikum
- 10 g frische Minze
- 150 g Burrata

Vorbereitung

1. Die Zucchini in 1 cm lange Scheiben schneiden. Mit Salz und Pfeffer würzen und mit Olivenöl bestreuen, die Grillpfanne erhitzen und die Zucchinischeiben in 4 Minuten grillen. Auf halber Strecke abbiegen. Die

Zucchinischeiben in eine Schüssel geben, mit dem Balsamico-Essig mischen und bis zur Verwendung stehen lassen.

2. Eine Pfanne ohne Öl oder Butter erhitzen und die Haselnüsse bei mittlerer Hitze 3 Minuten lang goldbraun rösten. Auf einem Teller abkühlen lassen und grob hacken.

3. Basilikumblätter und Minze grob schneiden. Die Basilikumstängel fein hacken, sie haben viel Geschmack. Mischen Sie die Zucchini mit den Kräutern und dem Rest des Öls. Zerreißen Sie die Burrata in Stücke.

4. Teilen Sie zuerst die Zucchini und dann die Burrata über die Teller. Mit den gerösteten Haselnüssen und Kräutern bestreuen - mit (frisch gemahlenem) Pfeffer und eventuell Salz abschmecken.

29. Gegrillter Fenchel mit Mozzarella und Kapern-Zitronen-Dressing

Zutaten

- 250 g Kirschtomaten auf dem Ast
- 3 Esslöffel mildes Olivenöl
- 2 Fenchelknollen
- 30 g Pinienkerne
- ½ Zitronen
- ½ EL flüssiger Honig
- 3 EL natives Olivenöl extra
- 50 g Kapern
- 2 Kugeln Mozzarella

Vorbereitung

1. Heizen Sie Ihre Ofentemperatur auf 200 ° C vor. Legen Sie die Kirschtomaten auf

ein mit Backpapier bedecktes Backblech auf einen Ast, beträufeln Sie sie mit mildem mildem Olivenöl und bestreuen Sie sie mit Pfeffer. Ca. 8 Minuten.

2. Grillpfanne erhitzen. Schneiden Sie das Grün und die Spitzen der Fenchelknollen. Das Grün fein hacken. Lassen Sie den Stumpf auf dem Fenchel und schneiden Sie den Fenchel der Länge nach in dünne Scheiben. Mit dem restlichen Olivenöl bestreuen und 3 Minuten in der Grillpfanne grillen.

3. Eine Pfanne ohne Öl oder Butter erhitzen und die Pinienkerne bei mittlerer Hitze goldbraun rösten. Auf einem Teller abkühlen lassen.

4. Schrubben Sie die Zitrone, reiben Sie die gelbe Haut und drücken Sie die Früchte aus. Mischen Sie den Saft und reiben Sie ihn mit Honig und Olivenöl extra vergine

ein. Fügen Sie die Kapern und Fenchelgrün hinzu.

5. Den Mozzarella vierteln. Den gegrillten Fenchel auf den Tellern verteilen, den ¼-Ball-Mozzarella und einen Zweig geröstete Tomaten auf jeden Teller legen und das Dressing und die Pinienkerne darauf verteilen.

30. Gegrilltes Hähnchen

Zutaten

- 1 ganzes Huhn, trocken
- 3 EL Paleo geschmolzenes Kochfett
- 3 EL frischer Rosmarin, fein gehackt
- 2 Zwiebeln, geschält und geviertelt

- 4 Karotten, geschält und in Scheiben geschnitten
- 2 Paprika, gehackt
- 2 Zitronen halbieren
- Meersalz und frisch gemahlener schwarzer Pfeffer

Vorbereitung

1. Den Backofen auf 204 ° C vorheizen.

2. Legen Sie das Huhn mit dem Gesicht nach unten auf ein Schneidebrett. Schneiden Sie mit einer Küchenschere entlang beider Seiten des Rückens von einem Ende zum anderen und entfernen Sie den Rücken. Drehen Sie die Hühnerbrust um und öffnen Sie sie wie ein Buch. Drücken Sie fest auf die Brüste mit der Handfläche, um sie zu glätten.

3. Mischen Sie in einer kleinen Schüssel Kochfett und 2 Esslöffel Fett. von Rosmarin.

4. Reiben Sie das Huhn mit 2/3 der Fett-Rosmarin-Mischung ein und würzen Sie das Huhn, damit es mit Meersalz und gemahlenem Pfeffer schmeckt.

5. Decken Sie ein großes Backblech mit Aluminiumfolie ab.

6. Legen Sie das Huhn direkt auf das Backblech und umgeben Sie es dann mit Gemüse und Zitronen.

7. Gießen Sie die Mischung aus Fett und Rosmarin auf das Gemüse und würzen Sie nach Geschmack.

8. Legen Sie das Backblech 1 Stunde lang in den Ofen oder bis ein Fleischthermometer 73 ° C im dicksten Teil der Brust anzeigt.

9. Nehmen Sie das Huhn aus dem Ofen. etwas Zitronensaft auspressen und loslegen.

31. Gegrillte Pflaumen mit Orange, Vanille und Pistachen

Zutaten

- 2 Portionen
- 1/2 Tasse gehackter brauner Zucker für Honig
- 1/3 Tasse Wasser für Honig
- 2 Stück Sternanis für Honig
- 1/2 Stück Zimtschlitz für Honig
- 1/8 Teelöffel Nelkenpulver für Honig

- 4 in zwei Hälften geschnittene Pflaumenstücke ohne Knochen
- 1/4 Tasse gut geriebene Kokosnuss

Vorbereitung

1. Den Backofen auf 180 ° C vorheizen.

2. Erhitzen Sie den Topf bei starker Hitze mit braunem Zucker und Wasser, fügen Sie den Sternanis und die Zimtstange mit dem Nelkenpulver hinzu und reduzieren Sie die Zubereitung, um Honig zu bilden.

3. In einer Auflaufform die Pflaumen hinzufügen und mit Honig baden. 30 Minuten kochen lassen, bis der Geschmack von Honig mit Pflaumen imprägniert und weich ist.

4. Mit Anis und Kokosraspeln servieren und dekorieren.

32. Lammkeule über dem Grill geschmort

Zutaten

- 5 rote Zwiebeln
- 5 Karotten
- 3 Knoblauchzehen
- 2 Lammkeulen ca. Jeweils 350 g
- Salz-
- Pfeffer
- 4 EL Olivenöl
- 1 EL Tomatenmark
- 500 ml trockener Rotwein
- 500 ml Lammfond
- 2 Zweige Rosmarin

Vorbereitungsschritte

1. Zwiebeln schälen und vierteln. Karotten schälen und in Scheiben schneiden. Knoblauch schälen und halbieren.

2. Das Fleisch waschen und trocken tupfen. Mit Salz und Pfeffer einreiben. Das Fleisch in einem heißen holländischen Ofen in 2-3 Esslöffeln Öl von allen Seiten 5-6 Minuten lang anbraten.

3. Nehmen Sie es dann wieder heraus, geben Sie das restliche Öl in den holländischen Ofen und braten Sie das Gemüse zusammen mit der Tomatenmark einige Minuten lang an.

4. Legen Sie das Fleisch darauf und gießen Sie den Wein und die Brühe hinein. Fügen Sie den Rosmarin hinzu und schließen Sie den holländischen Ofen. Legen Sie die Kohlen darauf.

5. Nach 1,5-2 Stunden öffnen und die Beine drehen. Erneuern Sie die Kohlen oben

und unten und beenden Sie das Kochen für ungefähr 1 Stunde. Die Sauce vor dem Essen abschmecken. B. Kartoffeln servieren.

33. Avocado in Speck gewickelt

Zutaten

- 2 Avocados (reif)
- 15-20 Speckstreifen

Vorbereitung

1. Für die in Speck gewickelte Avocado zuerst den Ofen auf 180 ° C vorheizen. Ein Backblech mit Backpapier abdecken.

2. Die Avocado halbieren und den Kern entfernen. Entfernen Sie vorsichtig das Fruchtfleisch (vorzugsweise mit einem Esslöffel). Dann der Länge nach in ca. 1 cm dicke Schlitze schneiden.

3. Wickeln Sie jede Säule mit einem Speckstreifen ein und legen Sie sie auf das Backblech. Legen Sie die in Speck gewickelte Avocado etwa 15 Minuten lang in den Ofen, bis der Speck knusprig ist. Am besten beobachten, da jeder Ofen etwas anders ist.

34. Gegrillte Knödel auf feinem Krautsalat mit Speck

Zutaten

Teig:

- 125 Gramm Butter
- 150 Gramm Mehl (handlich)
- 250 Gramm Quark
- 1 Ei

Salzfüllung:

- 200 Gramm Knistern
- 1 Zwiebel
- 1 Bund Petersilie
- Koriander
- 1 Knoblauchzehe
- Salz
- Pfeffer
- Majoran

Liebstöckel Krautsalat:

- 900 Gramm Weißkohl
- 100 Gramm Speckfett
- 1 in Scheiben geschnitten .Zwiebel
- 3 Esslöffel Butter
- 1 Teelöffel Kümmel (ganz)

- 125 ml Weißwein
- Weinessig
- Öl
- Salz
- Pfeffer
- 2 Esslöffel Zucker (oder Honig)

Vorbereitung

Für den Teig:

1. Alle Zutaten schnell kneten und kalt stellen.

Für die Fruchtbaren:

2. Die Stücke hacken, die Petersilie zupfen und hacken, den Knoblauch von der Haut entfernen und durch die Presse drücken. Zwiebel hacken und anbraten, die restlichen Zutaten einschenken und würzen.

3. Den Teig zu einer Rolle formen und in kleine Stücke schneiden. Drücken Sie einfach die Teigstücke. Den Teig mit etwas Füllung füllen und Knödel formen.

Knödeln in kochendem Wasser, zum Kochen bringen und bei geschlossenem Deckel ca. 7 Minuten ziehen.

Für den Krautsalat:

4. Zwiebel mit Speck rösten, Kümmel mit Zucker oder Honig hinzufügen, den geschnittenen Kohl mit Weißwein hinzufügen und weich einweichen. Mit Weißweinessig, Öl, Salz und Pfeffer marinieren.

35. Sandwich mit Speck, Tomate und Salat

Zutaten

- 1baguette

- 2 Esslöffel Speckfett
- 2 Tomaten
- 8 Eisbergsalat oder Lollo Bionda verlassen
- 2 EL. Mayonnaise

Vorbereitung

1. Den Backofengrill vorheizen.
2. Baguette horizontal halbieren. Die Schnittflächen unter dem Grill bräunen.
3. Tomaten waschen, Stiel herausschneiden und in Scheiben schneiden. Den Salat abspülen, trocken schütteln und gegebenenfalls zupfen. Die Schnittfläche der Baguette-Unterseite mit der Mayonnaise bestreichen, mit Tomaten, Speckfett und Salat bedecken und den Deckel aufsetzen. Das BLT-Sandwich vierteln und servieren.

36. Adana Kebab Rezept

Zutaten

- 350 Gramm Rinderhackfleisch
- 300 Gramm Lammhackfleisch
- 1 Knoblauchzehe
- 2 Stück Zwiebeln
- 1 Teelöffel Chilischoten
- 1 Teelöffel schwarzer Pfeffer
- 1 Esslöffel Paprikapaste
- 1/2 Bund Petersilie

Vorbereitung

1. Zwiebeln in Würfel schneiden. Filtern Sie das Wasser in einen tiefen Behälter.

2. Den Knoblauch zerdrücken und mit den Zwiebeln mischen. Rühren Sie das Lammhackfleisch und das Kalbshackfleisch um und mischen Sie es mit der Zwiebel-Knoblauch-Mischung.

3. Chili, Pfeffer und Paprika Paste Mischung zu der Mischung.

4. Fügen Sie das Öl hinzu. Die Petersilie fein hacken und dann zur Mischung geben.

5. Lassen Sie den Mörtel 2-3 Stunden im Schrank ruhen.

6. Schmieren Sie den Ofengrill mit Schwanzöl vom Metzger oder Butter mit Butter.

7. Heizen Sie den Ofen in einem lüfterlosen Programm auf 200 Grad.

8. Das Fleisch auf die flachen Spieße verteilen.

9. Index auf dem Drahtregal. 20-25 Minuten kochen lassen. Guten Appetit!

10. Adana Kebap Rezept Service Vorschlag

11. Wenn Sie möchten, können Sie Zwiebeln, Tomaten, Paprika oder in dünne Scheiben schneiden .Auberginenscheiben auf dem Grill und bereichern Ihr Essen. Wenn Sie das Fleisch kurz vor dem Kochen mit Lavashbrot belegen, nimmt es das Fett auf und stärkt den Geschmack.

37. Flügel Rezept mit Sauce

Zutaten

- 1 Kilogramm Hühnerflügel
- 4 Esslöffel Sonnenblumenöl
- 4 Esslöffel Milch
- 2 Esslöffel Joghurt
- 1 Teelöffel Tomatenmark
- 1 Teelöffel scharfe Sauce
- 2 Knoblauchzehen
- 1/2 Teelöffel Traubenessig
- 1/2 Teelöffel Honig
- 1 Lorbeerblatt
- 1 Teelöffel Oregano

- 1 Teelöffel frisch gemahlener schwarzer Pfeffer
- 1 Teelöffel Salz
- 1 Zweig frischer Rosmarin

Vorbereitung

1. Waschen Sie die Hühnerflügel in reichlich Wasser und entfernen Sie überschüssiges Wasser mit Hilfe von Papiertüchern.
2. Den Knoblauch reiben. Mischen Sie Sonnenblumenöl, Milch, Joghurt, Tomatenmark, scharfe Sauce und Honig in einer großen Schüssel.
3. Fügen Sie geriebenen Knoblauch, Lorbeerblatt, Thymian, frisch gemahlenen schwarzen Pfeffer, extrahierte Rosmarinzweige und Salz hinzu. Mische alle Zutaten.
4. Legen Sie die Hühnerflügel in die von Ihnen zubereitete Saucenmischung und

legen Sie sie in einer Reihe auf das Backblech.

5. Im vorgeheizten 180-Grad-Ofen 45-50 Minuten backen. Servieren Sie heiße Flügel, die die Sauce ziehen und mit Gewürzen würzen.

38. Gewürztes Schaschlik-Rezept

Zutaten

- 800 Gramm gewürfeltes Lammfleisch
- 2 Knoblauchzehen
- 4 Esslöffel Olivenöl
- 2 Esslöffel Barbecue-Sauce
- 1/2 Teelöffel Koriandersamen
- 1 Zweig Rosmarin

- 1/2 Teelöffel gemahlenes Meersalz

Vorbereitung

1. Nachdem Sie das Lammfleisch in einem großen gewürfelten Fleisch gehackt haben, legen Sie es in eine große Rührschüssel.

2. Die Knoblauchschalen mit dem Gegenteil des Messers schälen und dünn hacken. Das gewürfelte Fleisch mit Olivenöl, hausgemachter Barbecue-Sauce, Koriandersamen und frischem Rosmarin vermischen.

3. Stellen Sie sicher, dass die Sauce, die Sie in das Fleisch eindringen. Lassen Sie den Behälter mindestens 2 Stunden im Kühlschrank ruhen.

4. Das marinierte Fleisch mit dem fein gemahlenen Meersalz am Spieß bestreuen. Über einem Grill, einem Teil des Ofens oder auf einem Backblech mit fettigem Papier goldbraun kochen.

5. Salat- oder Dip-Saucen, begleitet von Hitze, um sie mit Ihren Lieben zu teilen.

39. Hamburger Pastetchen Rezept

Zutaten

- 800 Gramm Rinderbrust (Fettverhältnis)
- 80 Gramm Brühe
- 10 Gramm fein gemahlenes Salz
- 10 Gramm frisch gemahlener schwarzer Pfeffer

Vorbereitung

1. Zubereitung köstlicher Hamburger Frikadellen, die saftig bleiben; Zwanzig

Prozent des Gewichts des Brisket-Fleisches durch Zugabe von Öl nach dem Einziehen in Hackfleisch.

2. Kneten Sie das Rinderhackfleisch, das Sie mit der vorbereiteten Brühe und der gemahlenen Salz-Pfeffer-Mischung hinzufügen, und kneten Sie eine kleine Menge in die Hamburger-Pastetchen. Heben Sie den Kühlschrank zur Ruhe.

3. Braten Sie die Hamburgerpastetchen, die Sie mit dem Daumen auf den Mittelteil drücken, entsprechend dem gewünschten Gargrad auf dem Grill.

4. Wenn Sie einen echten hausgemachten Burger zubereiten möchten, erhitzen Sie die Brote auf dem Grill. Nach Belieben eine Scheibe Käse auf den gegrillten Fleischbällchen schmelzen. Machen Sie den Hamburger servierfertig mit einer Vielzahl von Saucen, Gurken und

Gemüse. Teilen Sie die Hitze mit Ihren Lieben.

40. Fleischbällchen-Spieß Rezept

Zutaten

- 500 Gramm Rinderhackfleisch
- 2 Knoblauchzehen
- 1 Nektarine
- 1 Teelöffel Kreuzkümmel
- 1 Teelöffel schwarzer Pfeffer
- 1 Teelöffel Chilischoten
- 1 Teelöffel Salz
- 1/2 Teetasse Milch
- 1/2 Teetasse Wasser

- 1 Teelöffel Carbonat
- 1/2 Bund Dill
- 1/2 Bund Petersilie
- 2 Scheiben Brot
- 1 Ei
- 2 rote Zwiebeln (Fleischbällchen werden beim Stapeln zwischen die Flaschen gelegt.)

Vorbereitung

1. Das Rinderhackfleisch in eine große Schüssel geben, das Brot zum Rinderhackfleisch geben und gut kneten.

2. Zwiebeln in Würfel schneiden. Den Saft auspressen und zum Rinderhackfleisch geben.

3. Den Knoblauch im Mörser zerdrücken und zu der Mischung geben, mit den restlichen Zutaten vermischen.

4. Film dehnen und 30 Minuten im Schrank ruhen lassen.

5. Bereiten Sie nach dem Ausruhen Kugeln in der Größe von Aprikosen vor.

6. Hacken Sie die roten Zwiebeln, damit der Ring nicht zu dünn ist.

7. Ordnen Sie die Pastetchen mit den Fleischbällchen und Zwiebeln. Mit fettigem Papier auf ein Backblech legen.

8. Im vorgeheizten 180-Grad-Ofen ca. 25 Minuten backen.

9. Service-Vorschlag für Fleischbällchen-Schaschlik-Rezept

10. Wenn Sie möchten, können Sie Kartoffeln oder Reis mit Apfelscheiben servieren.

41. Rezept für Barbecue-Sauce

Zutaten

- 20 Schalotten
- 5 Knoblauchzehen
- 100 ml. Olivenöl
- 1 Esslöffel Kreuzkümmel
- 1 Esslöffel Koriandersamen
- 1,5 Tassen Tomatenmark
- 1 Esslöffel Chilischoten
- 2 Esslöffel frisch gepresster Zitronensaft
- 3 Esslöffel Melasse (brauner Zucker auf Anfrage)
- 1 Teelöffel geriebener frischer Ingwer
- 4 Esslöffel Rotweinessig

- 1/2 Tasse Brühe
- 1/2 Teelöffel frisch gemahlener Pfeffer
- 1 Teelöffel Salz

Vorbereitung

1. Schalotten und Knoblauch in kleine Stücke schälen.

2. Kreuzkümmel und Koriandersamen in einer dicken Pfanne kurz bei hoher Temperatur rösten. Lassen Sie ihre Aromen entstehen und die Sauce hat einen milden Rußgeschmack.

3. Nehmen Sie die gerösteten Gewürze beiseite und geben Sie das Olivenöl in dieselbe Pfanne. Beginnen Sie, die gehackten Zwiebeln und den Knoblauch bei hoher Temperatur zu rösten.

4. Fügen Sie den geriebenen frischen Ingwer hinzu und rösten Sie weiter. Am besten die hausgemachte Tomatensauce dazugeben und bei schwacher Hitze köcheln lassen.

5. Um den bittersüßen und sauren Geschmack auszugleichen; Chili, Salz, frisch gemahlener schwarzer Pfeffer, Zitronensaft und Melasse mischen die Saucenmischung.

6. Nach Zugabe von Rotweinessig und Soße 15 Minuten bei schwacher Hitze köcheln lassen. Als Ergänzung zu gegrilltem Fleisch und Hühnchenprodukten dienen und in Rezepten verwenden.

42. Huhn mit BBQ Sauce für 4

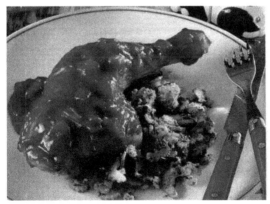

Zutaten

- 4 Stück Hähnchenschenkel

- Salz Pfeffer
- 300 ml. BBQ Sauce oder Ketchup
- 500 gr. Stangensellerie
- 1 Esslöffel flüssiges Öl
- Zucker
- 1 Dessertlöffel Essig

Vorbereitung

1. Hähnchenschenkel gründlich waschen und reinigen, dann salzen und pfeffern.
2. Legen Sie die Oberschenkel mit den Häuten nach unten auf das Backblech.
3. In einem auf 200 ° erhitzten Ofen 15 Minuten backen, umdrehen und weitere 15 Minuten kochen lassen.
4. Eine dicke Schicht Barbecue-Sauce oder Ketchup darauf verteilen und weitere 5 Minuten kochen lassen.

5. Selleriestangen fein schneiden, Blätter hacken.

6. Selleriestiele 5 Minuten in Öl geben, mit einer Prise Zucker bestreuen, Essig zirkulieren lassen.

7. Fügen Sie die gehackten Blätter, Salz und Pfeffer hinzu.

8. Das Huhn mit Gemüse und Sauce servieren.

43. Red Beans Grill für 1

Zutaten

- 4 - 5 Stück Rotbarbe,
- 2 Stück Pfeffer

- 1 Stück Tomate
- Soße:
- 1 Esslöffel Olivenöl
- 1 Esslöffel Zitronensaft
- Salz

Vorbereitung

1. Schneiden Sie zur Vorbereitung die Fischbäuche ab, um das Innere zu reinigen. Waschen Sie den Fisch nach dem Entfernen der inneren Organe in reichlich Wasser. Reinigen Sie die Unterlegscheiben mit einem scharfen Messer. 10 Minuten auf dem Grill kochen und auf einen Servierteller legen.

2. Kochen Sie die Tomaten und Paprika auf dem Grill. Für die Sauce 1 Esslöffel Olivenöl, 1 Esslöffel Zitrone und Salz mischen. Servieren Sie den Fisch, nachdem Sie ihn aus der Sauce auf den Fisch gegossen haben.

44. Gemüsespieße und gegrillter Käse

Zutaten

- 2 farbige Paprika, entkernt und in Würfel geschnitten
- 340 g gegrillter Käse vom Typ Haloumi, gewürfelt
- 225 g ganze weiße Pilze
- 30 ml (2 Esslöffel) Olivenöl
- 10 ml (2 Teelöffel) Balsamico-Essig
- 2,5 ml (1/2 Teelöffel) getrockneter Oregano

Vorbereitung

1. Den Grill auf mittlere bis hohe Leistung vorheizen. Den Grill einölen.

2. In einer Schüssel alle Zutaten mischen. Salz und Pfeffer.

3. Fädeln Sie das Gemüse abwechselnd auf Spieße. Fädeln Sie den Käse auf andere Spieße. Auf einem großen Teller reservieren.

4. Grillen Sie die Gemüsespieße 10 Minuten lang und drehen Sie sie einige Male, während Sie mit einer Zange kochen. Den Rost erneut einölen. Grillen Sie die Käsespieße auf beiden Seiten und drehen Sie sie um, sobald der Käse zu grillen beginnt, ungefähr 1 Minute auf jeder Seite.

5. Sofort servieren. Auf Wunsch mit Fladenbrot servieren.

45. Gegrillter Meeresfrüchtesalat und Salsa Verde mit Thai-Basilikum

Zutaten

- 30 g (1 Tasse) Thai-Basilikumblätter
- 30 g (1 Tasse) Korianderblätter
- 1/4 Tasse (60 ml) Pflanzenöl
- 45 ml (3 Esslöffel) Limettensaft
- 30 ml (2 Esslöffel) Wasser
- 1 Frühlingszwiebel in Stücke schneiden
- Meeresfrüchte und Gemüse
- 900 g Muscheln, gereinigt
- 225 g mittelgroße Garnelen (31-40), geschält und entdarmt
- 4 kleine Tintenfische, getrimmt
- 15 ml (1 Esslöffel) Pflanzenöl

- 15 ml (1 Esslöffel) Limettensaft
- 10 ml (2 Teelöffel) Fischsauce (Nuoc-Mam)
- 2 Teelöffel (10 ml) Kurkuma
- 1 Zwiebel Fenchel, dünn geschnitten .mit Mandoline
- 400 g (2 Tassen) Babykartoffeln, gekocht
- 2 grüne Zwiebeln, gehackt
- 1 Tomate, geviertelt
- Thailändische Basilikumblätter nach Geschmack

Vorbereitung

1. Salsa Verde
2. Mahlen Sie in der Küchenmaschine alle Zutaten fein.
3. Meeresfrüchte und Gemüse
4. Den Grill auf hohe Leistung vorheizen. Den Grill einölen.
5. Kombinieren Sie in einer großen Schüssel Muscheln, Garnelen,

Tintenfisch, Öl, Limettensaft, Fischsauce und Kurkuma. Salz und Pfeffer.

6. Legen Sie die Muscheln direkt auf den Grill. Schließen Sie den Grilldeckel und kochen Sie die Muscheln 3 bis 5 Minuten lang oder bis sie alle geöffnet sind. Werfen Sie diejenigen weg, die geschlossen bleiben. In eine Schüssel geben. Muscheln schälen (auf Wunsch für den Service aufbewahren). Buch.

7. Garnelen und Tintenfisch 2 bis 3 Minuten pro Seite grillen oder bis Garnelen und Tintenfisch gekocht und gebräunt sind. Schneiden Sie auf einer Arbeitsfläche Tintenfisch in 1 cm große Scheiben. Buch.

8. Den Fenchel in eine Schüssel geben. Leicht einölen, dann mit Salz und Pfeffer würzen.

9. Verteilen Sie Meeresfrüchte und Gemüse auf Tellern. Salsa Verde bestreuen und mit Thai-Basilikumblättern garnieren.

46. Senfsauce

Zutaten

- 1/4 Tasse (60 ml) gelber Senf

- 30 ml (2 Esslöffel) altmodischer Senf

- 30 ml (2 Esslöffel) brauner Zucker

- 15 ml (1 Esslöffel) Apfelessig

- 15 ml (1 Esslöffel) Worcestershire-Sauce

Vorbereitung

1. In einem kleinen Topf alle Zutaten unter Rühren mit einem Schneebesen zum Kochen bringen. Pfeffer. 5 Minuten köcheln lassen. Die Senfsauce kann 10 Tage in einem luftdichten Behälter im Kühlschrank aufbewahrt werden.

47. Gegrilltes Hähnchen mit Ranch-Sauce

Zutaten

Hähnchen

- 1 Pfund Huhn (4 Pfund)
- 10 ml (2 Teelöffel) Salz
- 5 ml (1 Teelöffel) Knoblauchpulver
- ½ Zitronen
- 1 Rezept Ranch Vinaigrette

Salat

- 4 Selleriestangen, gehackt
- 1 Zwiebel Fenchel, fein gehackt
- 1 grüne Zwiebel, gehackt
- 30 ml (2 Esslöffel) gehackte Fenchelblätter
- 30 ml (2 Esslöffel) Olivenöl

- 15 ml (1 Esslöffel) Zitronensaft

Vorbereitung

Hähnchen

1. Entfernen Sie auf einer Arbeitsfläche mit dem Kochmesser oder der Küchenschere den Knochen von der Rückseite des Huhns. Drehen Sie das Huhn um und schneiden Sie es in der Mitte der Brüste in zwei Hälften. Legen Sie die Stücke in eine große Glasschale. Hühnerhaut mit Salz und Knoblauchpulver bestreuen. Reiben Sie die Außenseite und dann die Innenseite des Huhns mit dem geschnittenen Teil der Zitrone ein. Mit einer 1/2 Tasse (125 ml) Ranch-Vinaigrette gründlich bestreichen. Decken Sie und kühlen Sie 12 Stunden.

2. Die Hälfte des Grills mit hoher Leistung vorheizen. Den Grill auf der Außenseite einölen.

3. Das Fleisch abtropfen lassen. Legen Sie das Huhn mit der Hautseite auf den Grill. Schließen Sie den Grilldeckel. Backen Sie 45 Minuten bei einer Temperatur von 200 ° C. Bringen Sie das Huhn zurück und kochen Sie es 35 Minuten lang weiter oder bis ein in den Oberschenkel eingesetztes Thermometer, ohne den Knochen zu berühren, 82 ° C anzeigt und eine Temperatur von 200 ° C beibehält.). Beenden Sie das Kochen auf dem beleuchteten Abschnitt des Grills, um das Huhn zu markieren.

Salat

4. In der Zwischenzeit alle Zutaten in einer Schüssel mischen. Salz und Pfeffer.

5. Das Huhn in Stücke schneiden. Mit dem Salat und dem Rest der Ranchvinaigrette servieren.

48. Steak Tomahawk gegrillt

Zutaten

- 1 Rindersteak 900 g, 5 cm dick mit Knochen ca. 30 cm (Tomahawk)
- 7,5 ml (1 1/2 Teelöffel) trockene Grundmarinade
- 15 ml (1 Esslöffel) Olivenöl
- 15 ml (1 Esslöffel) gesalzene Butter
- 1 EL. (15 ml) gehackter Schnittlauch
- Salzblume nach Geschmack

Vorbereitung

1. Reiben Sie das Fleisch in einem Teller mit der trockenen Marinade ein. 1 Stunde bei Raumtemperatur mazerieren lassen.

2. Den Grill auf mittlere bis hohe Leistung vorheizen. Den Grill einölen.

3. Das Fleisch mit dem Öl bestreichen. Legen Sie das Fleisch auf den Rost und schließen Sie den Deckel. Backen Sie 18 Minuten oder bis ein Thermometer in der Mitte des Fleisches 48 ° C für seltenes Kochen anzeigt. Drehen Sie das Fleisch beim Kochen um. Entfernen Sie das Fleisch und den Platz auf einem Teller. Mit Folie abdecken und 10 Minuten stehen lassen.

4. Stellen Sie den Grill auf hohe Leistung.

5. Das Fleisch abtropfen lassen und wieder auf den Grill legen. Auf jeder Seite 1 Minute backen, um gut zu markieren.

6. Servieren Sie das Fleisch, indem Sie die Butter darüber schmelzen lassen. Mit Schnittlauch und Fleur de Sel bestreuen. Pfeffer.

49. Barbecue Erdnuss Hühnchen Spieße

Zutaten

- 450 g knochenlose und hautlose Hähnchenbrust ohne Knochen
- 30 ml (2 Esslöffel) brauner Zucker
- 30 ml (2 Esslöffel) Sojasauce
- 30 ml (2 Esslöffel) Pflanzenöl
- 10 ml (2 Teelöffel) Reisessig
- 2,5 ml (1/2 Teelöffel) gemahlener Ingwer
- 1 ml (1/4 Teelöffel) Knoblauchpulver
- 30 ml (2 Esslöffel) Honig
- 30 g (3 Esslöffel) Erdnuss, gewürzt mit Grillgewürzen, gehackt (siehe Hinweis)
- Kalkviertel

Vorbereitung

1. Schneiden Sie auf einer Arbeitsfläche die Hühnerbrust über die Dicke in zwei Hälften und dann jede Hälfte in lange Streifen von etwa 5 mm Dicke.

2. Kombinieren Sie in einer Schüssel braunen Zucker, Sojasauce, Öl, Essig sowie Ingwer- und Knoblauchpulver. Pfeffer. Fügen Sie das Huhn hinzu und mischen Sie gut, um die Marinade zu beschichten. Abdecken und 12 Stunden oder über Nacht im Kühlschrank mazerieren. Das Huhn abtropfen lassen und die Marinade wegwerfen.

3. Den Grill auf mittlere bis hohe Leistung vorheizen. Den Grill einölen.

4. Fädeln Sie das Huhn am Spieß ein, um Spulen zu erzeugen. Grillen Sie die Kebabs 2 bis 3 Minuten pro Seite und drehen Sie sie mit einer Zange. Auf eine Servierplatte legen.

5. Hähnchen mit Honig übergießen und mit Erdnüssen bestreuen. Nach Belieben mit Limettenschnitzen servieren.

50. Gegrillte Rindfleisch-Tacos mit Süßkartoffeln

Zutaten

Rindfleisch

- 450 g Rindfleischflanke, in 2 Stücke geschnitten
- 1 Zwiebel, geviertelt

- 30 ml (2 Esslöffel) Pflanzenöl
- 30 ml (2 Esslöffel) brauner Zucker
- 30 ml (2 Esslöffel) Limettensaft
- 15 ml (1 Esslöffel) Sojasauce
- 1 ml (1/4 Teelöffel) Tabasco Jalapeno Sauce
- 2,5 ml (1/2 Teelöffel) Cayenne-Pfeffer

Garnierung

- 2 Süßkartoffeln, geschält und gewürfelt
- 30 ml (2 Esslöffel) Pflanzenöl
- 12 weiche Maistortillas mit einem Durchmesser von etwa 15 cm
- 1 Avocado, geschält und in Scheiben geschnitten
- Saure Sahne nach Geschmack
- Heiße Chipotle-Sauce nach Geschmack
- Limettenschnitze nach Geschmack

Vorbereitung

Rindfleisch

1. Mischen Sie alle Zutaten in einem luftdichten Beutel oder in einer Schüssel. Schließen Sie den Beutel oder decken Sie die Schüssel ab. 8 Stunden oder über Nacht im Kühlschrank lagern. Fleisch und Zwiebeln abtropfen lassen. Marinade wegwerfen.

2. Stellen Sie einen Grillwok auf den Grill. Den Grill auf hohe Leistung vorheizen. Den Grill einölen.

Garnierung

1. Überlagern Sie zwei große Aluminiumfolien. In der Mitte die Süßkartoffeln hinzufügen. Öl, Salz und Pfeffer. Schließen Sie die Verpackung fest.

2. Legen Sie die Folie auf den Grill, schließen Sie den Deckel und kochen Sie sie 20 Minuten lang. Drehen Sie die Folie nach der Hälfte des Garvorgangs. Entfernen Sie die Süßkartoffeln und

zerdrücken Sie sie grob mit einer Gabel. Halten Sie den zerdrückten Topf warm.

3. In der Zwischenzeit die Zwiebel im Grillwok kochen, bis sie anfängt zu bräunen. Grillen Sie das Fleisch auf jeder Seite 3-5 Minuten lang, um selten zu kochen. Salz und Pfeffer. Lassen Sie das Fleisch 5 Minuten auf einem Teller ruhen. Die Tortillas auf dem Grill aufwärmen.

4. Schneiden Sie das Fleisch auf einer Arbeitsfläche in dünne Scheiben. Tortillas mit Süßkartoffelpüree bestreichen. Mit in Scheiben geschnitten garnieren.Rindfleisch, Zwiebeln und Avocado. Auf Wunsch mit Sauerrahm, Chipotle-Sauce und Limettenschnitzen servieren.

FAZIT

Jedes Mal, wenn Sie grillen, müssen Sie eine wichtige Entscheidung über die Art des zu verwendenden Rauchholzes treffen. Rind-, Schweine-, Geflügel- und Meeresfrüchte haben je nach Holz unterschiedliche Geschmacksrichtungen. Es ist auch wahr, dass bestimmte Hölzer mit bestimmten Fleischsorten assoziiert sind und diese ergänzen.

Viele der besten Grillexperten schweigen, wenn es darum geht, ihre genauen Geheimnisse preiszugeben, da das Grillen oder Rauchen mit Grillholz ein so wichtiger Teil ihres Repertoires ist. Alles, von der Holzart, die sie verwenden, über ihre eigenen Saucenrezepte bis hin zum Würzen des Fleisches vor dem Grillen, kann zu streng geheimen Waffen werden, um auf dem Laufenden zu bleiben.

Lightning Source UK Ltd.
Milton Keynes UK
UKHW020418070521
383233UK00001BA/107

9 781802 880458